ÉRASME

La figure de l'humanisme chrétien

Par David Cusin

ÉRASME DE ROTTERDAM

INTRODUCTION

Érasme de Rotterdam est sans doute la figure de l'humanisme la plus connue de la fin du XVe siècle et du début du XVIe siècle. Chanoine régulier de saint Augustin en 1488, ordonné prêtre en 1492, ce voyageur infatigable sillonne l'Europe entière durant 15 ans, entre 1499 et 1514, afin d'aller à la rencontre des intellectuels, philosophes, théologiens et hommes d'État.

De ses voyages en Angleterre, en Italie et en France, Érasme puise la matière de ses principaux livres. Son chef-d'œuvre, *L'Éloge de la folie*, est un ouvrage qu'il dédie à son ami l'humaniste anglais Thomas More (1478-1535) qui l'accueille chez lui lors de son périple de 1509. Grand intellectuel, Érasme a entre-temps obtenu un doctorat en théologie lors de son séjour à Turin entre 1506 et 1509.

Malgré sa farouche volonté de réformer l'Église, il refuse l'offre de Martin Luther (théologien et réformateur allemand, 1483-1546) de rejoindre la Réforme, et décline également le chapeau de cardinal que lui propose le pape Paul III (1468-1549). Décelant les premiers signes des troubles religieux qui ensanglanteront bientôt l'Europe, il s'oppose vivement à Luther quelques années plus tard en publiant un essai virulent sur le libre arbitre (*Essai sur le libre arbitre*, 1524). Il tente toutefois par tous les moyens de concilier les deux camps en dénonçant le fanatisme religieux.

L'œuvre d'Érasme s'étend à des domaines d'un éclectisme rare : théologie, philosophie, latin, grec, notamment, ce qui fait de lui l'une des personnes les plus influentes de son temps et le premier intellectuel au sens moderne du terme.

DONNÉES CLÉS

- **Naissance ?** Vers 1469 à Rotterdam.
- **Mort ?** Le 12 juillet 1536 à Bâle.
- **Apports majeurs ?**
  - La promotion du pacifisme et de l'unité de la culture européenne.
  - Une réflexion sur une tolérance indépendante de la foi religieuse.
  - La promotion de la culture et de la connaissance pour un plus grand nombre.
  - Une traduction du Nouveau Testament qui corrige les erreurs de la *Vulgate*.

BIOGRAPHIE

UNE JEUNESSE OBSCURE (1469-1487)

Le destin d'Érasme de Rotterdam est pour le moins singulier. Sa naissance et sa jeunesse ne le prédestinent en aucun cas à devenir ce grand intellectuel respecté par tous. Les circonstances de sa venue au monde sont pour le moins troubles puisqu'on ignore la date exacte à laquelle il a vu le jour. Cela pourrait être en 1466, en 1467 ou encore en 1469, cette dernière étant privilégiée par de nombreux historiens. Son ascendance pose également question puisque son père est sans doute un prêtre. Il naît donc de manière illégitime, les relations charnelles étant interdites aux membres du clergé. Ce statut d'enfant bâtard influencera fortement son parcours.

Il débute ses études à Gouda (ville située au Nord-Est de Rotterdam) – d'où est probablement originaire sa famille – pour ensuite se rendre à l'école capitulaire d'Utrecht. Dès l'âge de neuf ans, il est à nouveau confié aux soins du clergé à Deventer, une petite ville de l'Ouest des Pays Bas puis à Bois-le-Duc. C'est durant ses études à Bois-le-Duc, qui se révéleront d'ailleurs infructueuses, que ses parents sont emportés par la peste.

LE DÉBUT DE LA VIE ECCLÉSIASTIQUE (1487-1499)

De ces premières expériences scolaires, Érasme garde un intérêt grandissant pour les antiquités grecques et latines, dans lesquelles il puise son nom, Desiderius Erasmus Roterodamus (*erasmos* signifiant « l'aimé », en grec). Poursuivant sur la voie religieuse, il devient novice chez les chanoines réguliers de saint Augustin à Steyn en 1487. Érasme, qui n'est pas un fervent croyant, se satisfait de cette vie monacale car le monastère possède une bibliothèque classique très fournie. Lui qui pratique une piété intérieure qui s'affirmera tout au long de sa vie ne reste pas longtemps dans l'anonymat de son sanctuaire. Dès 1492, il est ordonné prêtre par David de Bourgogne (évêque d'Utrecht, 1427-1496) puis se rapproche de l'évêque de Cambrai, Henri de Berghes (mort en 1502) duquel il devient, progressivement, le secrétaire particulier. Cela le dispense, pour sa plus grande joie, de résider dans son monastère. Il s'agit d'un véritable soulagement pour Érasme qui fait grand cas de sa liberté toute sa vie durant. Affranchi, Érasme peut consacrer son temps à la rédaction de son premier essai, les Antibarbari, qu'il termine en 1494. Avide de connaissances et ne voulant pas retourner au monastère, il poursuit sa formation au collège Montaigu à Paris. Il délaisse bientôt cet environnement d'étude trop rigoureux pour se rapprocher de l'humaniste français Robert Gaguin (1433-1501).

ÉRASME L'ANGLAIS (1499-1500)

Le premier voyage d'Érasme en Angleterre fait figure d'élément déclencheur dans son action culturelle : bien qu'ayant connu la Renaissance et l'humanisme en France grâce à Gaguin, c'est outre-Manche qu'il en trouve l'expression la plus aboutie. En effet, l'Angleterre est enfin pacifiée après la terrible guerre des Deux-Roses (1450-1485), et le pays connaît un relatif âge d'or dans les domaines des arts et des sciences. Ce premier voyage en Angleterre est capital pour Érasme qui s'émancipe de son éducation austère et de sa naissance déshonorante qu'il porte comme un fardeau sur le continent. Il approfondit bientôt ses connaissances en grec à Oxford, devient l'ami des plus grands lettrés du royaume comme Thomas More ou John Fisher (cardinal et humaniste anglais, 1469-1535) et gagne la protection d'érudits tels que John Colet (homme d'Église anglais, 1467-1519) qu'il a rencontré à Paris, William Warham (archevêque de Canterbury et chancelier d'Angleterre, vers 1450-1532) et Thomas Cranmer (premier archevêque réformé de Canterbury, 1489-1556). De son voyage, Érasme garde ce premier éveil humaniste, motivé et incarné par Thomas More. Désormais l'érudit n'est plus d'aucune patrie : il voyage partout où l'effervescence culturelle le porte.

THOMAS MORE

L'Angleterre du début du XVIe siècle est une terre où la culture humaniste est florissante. Si l'on oublie souvent Colet, Fisher ou Warham, Thomas More a, lui, traversé les siècles. Son *Utopie*, écrite en 1516, y est pour beaucoup, mais More a surtout mené une brillante carrière politique à la Cour d'Angleterre. Ambassadeur puis grand chancelier du Royaume en 1529, il est finalement jugé pour haute trahison par le roi Henri VIII (1491-1547) et décapité en 1535, suite à son refus de se soumettre à la nouvelle Église d'Angleterre et à sa fidélité à l'Église catholique. Sa canonisation en 1935 démontre son influence sur la postérité.

ÉRASME L'EUROPÉEN (1501-1536)

Dès lors qu'il quitte l'Angleterre, sa vie est faite de voyages et de pérégrinations. Il revient d'abord à Paris, où il étudie le grec et publie une première version de ses *Adages* (16 éditions entre 1500 et 1536), puis va d'Orléans à Saint-Omer, et décide de consacrer ses études aux Saintes Écritures. Il se rend ensuite en Italie pour trois ans et, en 1506, l'université de Turin lui remet le bonnet de docteur en théologie, preuve de l'importance que prend son action dans le domaine.

Il retourne en Angleterre en 1509 alors qu'Henri VIII accède au trône. Il compose là-bas *L'Éloge de la folie* pour Thomas More, en quelques jours seulement. Érasme est alors reconnu de tous. Il donne des cours à Cambridge, mais choisit de s'établir à Bâle en Suisse. C'est dans cette ville tranquille que sa collaboration avec l'imprimeur Jean Froben (vers 1460-1527) lui permet de publier quelques-unes de ses œuvres majeures dont *Patrologie* (1516). L'Europe se l'arrache mais, fidèle à lui-même, ne voulant être captif de personne, il choisit l'université de Louvain pour y fonder son collège trilingue et dispenser ses cours de 1517 à 1521.

Lorsque la Réforme touche l'aire géographique dans laquelle il exerce son professorat, il retourne s'expatrier à Bâle où il fustige aussi bien l'autorité papale que le tout nouveau luthéranisme. Érasme, bien que très critique vis-à-vis de l'Église, lui reste fidèle malgré des rapports compliqués avec le pape. S'il cautionne l'institution, il ne peut en revanche devenir son porte-parole, car cela le placerait dans une position trop tranchée et l'attacherait indéniablement à un parti. Il en va de même pour le luthéranisme : Luther partage bien des idées avec Érasme, mais il est bien trop extrémiste au goût de l'humaniste. La Réforme gagnant Bâle, il se réfugie à Fribourg-en-Brisgau et continue son activité intellectuelle prolifique. De retour à Bâle en 1535, il y publie sa *Préparation à la mort* et décède dans la nuit du 11 au 12 juillet 1536.

ÉRASME ET BÂLE

En s'installant à Bâle, Érasme transforme véritablement cette ville suisse située sur le Rhin, à la frontière allemande, en un centre culturel d'une importance telle que certains la considèrent à l'époque comme la capitale culturelle de l'Europe. Le Bâlois Jean Froben devient l'imprimeur principal d'Érasme et contribue à la renommée de la ville. Il est alors au faîte de sa gloire et rencontre des artistes talentueux qui réalisent des portraits de l'humaniste, notamment Hans Holbein le Jeune (1497/1498-1543) qui deviendra le peintre officiel de la monarchie anglaise.

Portrait d'Érasme par Hans Holbein le Jeune (1523).

CONTEXTE POLITIQUE, SOCIAL ET ÉCONOMIQUE

UNE REPRISE ÉCONOMIQUE

Le XIVe et le début du XVe siècle sont des périodes terribles en Europe. Économiquement, les États sont laissés exsangues après les nombreuses guerres, telles que la guerre de Cent Ans (1337-1453), et les épidémies, comme la grande peste noire de 1348, qui font de nombreuses victimes parmi la population. Durant la seconde moitié du XVe siècle s'amorce une reprise économique bien réelle malgré le retour épisodique de conflits et de maladies meurtrières. Cette relance se traduit par une poussée démographique dans l'Europe entière. Le nombre d'habitants augmente de manière sensible dans la plupart des régions, ce qui amène les populations à cultiver des terres dans des endroits auparavant impraticables (marais, garrigues, etc.) et engendre des rendements plus importants, notamment en Italie du Nord et aux Pays-Bas.

L'agriculture n'est pas le seul secteur à bénéficier d'une croissance notable : l'industrie, notamment textile et minière, connaît un essor important malgré quelques fragilités. L'exemple de la toute nouvelle imprimerie est particulièrement probant : certaines villes deviennent de véritables centres culturels à partir des années 1470, notamment Bâle, où Érasme fait imprimer nombre de ses ouvrages.

Cependant, cet élan économique reste mesuré et les tensions sociales du début du XVIe siècle peuvent en partie être expliquées par la hausse des prix, qui a suivi la reprise économique, et l'appauvrissement d'une tranche de plus en plus importante de la population.

LE RAYONNEMENT DE LA RENAISSANCE

La Renaissance, qui a vu le jour en Italie au XIVe siècle, se diffuse en Europe dès le siècle suivant, durant lequel naît Érasme. Avec elle, on voit apparaître une série de nouvelles valeurs, d'innovations techniques, culturelles, morales, religieuses et politiques qui marquent durablement la société.

Si les idées de la Renaissance pénètrent aussi bien les royautés européennes, c'est en grande partie parce qu'au milieu du XVe siècle, les pouvoirs centraux des grandes monarchies se renforcent. En 1453, la fin de la guerre de Cent Ans, qui a opposé les rois de France et d'Angleterre, ouvre des perspectives d'expansion pour le royaume de Charles VII (roi de France, 1403-1461) même si, au cœur de son territoire, de grands duchés revendiquent une quasi-indépendance.

Le duché de Bourgogne, d'où est originaire Érasme, est un État riche dans lequel les arts et le commerce fleurissent, mais c'est également une entité territoriale très importante. Trouvant ses origines au IXe siècle, il s'est progressivement émancipé pour devenir une puissance majeure en Europe, si bien que, six siècles plus tard, sa Cour est l'une des plus florissantes du continent. Ses frontières s'étendent alors sur un vaste territoire allant du comté de Hollande au nord jusqu'aux portes de Genève au sud, et du comté d'Eu (Normandie) à l'ouest jusqu'à Fribourg-en-Brisgau à l'est, le tout étant imbriqué entre le royaume de France et le Saint Empire romain germanique. Au milieu du XVe siècle, le duché connaît son âge d'or. Durant cette période, les lettres et les arts occupent une place de premier ordre dans la société bourguignonne puisque, dans un esprit de Renaissance, les princes encouragent fortement les artistes et les intellectuels, ce dont a profité Érasme.

Les royaumes de la péninsule Ibérique ne sont pas en reste et, pendant que le Portugal envoie des explorateurs à la conquête du monde, les royaumes de Castille et d'Aragon forment une alliance débouchant sur une Espagne puissante et quasiment unifiée.

En Italie, à l'inverse, aucun pouvoir n'est assez puissant pour unifier la péninsule. La paix est donc particulièrement fragile entre les Médicis à Florence, les Sforza à Milan et les Ferrante d'Aragon à Naples, pour ne citer que les plus grands seigneurs.

Cette situation politique est importante puisque l'émergence de ces grands États, qui ne se centraliseront vraiment qu'à la fin du XVe siècle, conduit à des désirs expansionnistes et, irrémédiablement, à la guerre tant honnie par Érasme.

UNE RENAISSANCE DES ARTS ET DES LETTRES

La Renaissance a longtemps été perçue comme ayant permis un renouveau dans les arts. Les artistes voient en effet leurs techniques et leur esthétique évoluer et trancher ainsi nettement avec le Moyen Âge. Socialement, l'artiste peut se targuer d'une nouvelle position dans la société puisque l'art occupe désormais une place de tout premier ordre. Cependant, circonscrire aux arts picturaux cette révolution serait injustement réducteur. Le monde des lettres connaît lui aussi une mutation dont Érasme est en quelque sorte l'héritier.

En Italie d'abord, la vie intellectuelle n'est plus cantonnée aux cadres traditionnels de l'Église ou de l'université. Les érudits s'intéressent désormais aux antiquités grecques et latines, débattent de philosophie morale, de philologie, ou encore prônent de nouvelles traductions des textes antiques, débarrassés des approximations des copistes. Les philosophes païens tels que Platon (vers 427- vers 348/347 av. J.-C.) et Aristote (384-322 av. J.-C.) sont redécouverts, et ce renouveau inspire la rédaction de traités de théologie qui marquent durablement la pensée chrétienne de la Renaissance. C'est le cas de l'œuvre *De Docta Ignorantia* (*De la docte igno-rance*) de Nikolaus Krebs (théologien allemand, 1401-1464), qui prône l'introspection, point de départ d'une critique ouverte de la scolastique jugée trop dogmatique par les humanistes.

LA SCOLASTIQUE

Philosophie enseignée dès le Xe siècle dans les universités nouvellement créées, la sco-lastique a pour but de joindre l'apport de la philosophie grecque (principalement celle d'Aristote) à la théologie chrétienne mise en place par les Pères de l'Église quelques siècles plus tôt. Elle reste la discipline de référence durant tout le Moyen Âge et est largement étudiée jusqu'au XVIe siècle, mal-gré les critiques émises à son encontre, no-tamment par les humanistes, dont Érasme qui ne comprend pas comment Aristote peut être accolé au Christ.

L'humanisme se développe donc véritablement dans la seconde moitié du XVe siècle mais sans être un mouvement cohérent ni parfaitement uni. Il existe presque autant d'humanismes que d'humanistes. Cependant, tous s'interrogent sur des questions similaires et entraînent l'Europe culturelle dans leur réflexion théologique et philosophique.

L'HUMANISME

Le courant humaniste débute en Italie avec Pétrarque (poète et humaniste italien, 1304-1374). Il est marqué par un retour aux sources anciennes dans lesquelles on va tenter de retrouver l'authenticité de la pensée antique. En outre, il place l'homme au centre de tout, lui qui peut désormais approcher de la *veritas* (la « vérité », le « vrai ») par l'instruction et l'éducation.

DES QUESTIONNEMENTS RELIGIEUX

Au xve siècle, la religion fait déjà l'objet de certains questionnements qui trouveront un écho au siècle suivant. On assiste, par exemple, à une inquiétude grandissante chez les fidèles et les autorités religieuses vis-à-vis de la mort et du mal qui essaie par tous les moyens de gagner du terrain. C'est dans ce contexte que des chasses aux sorcières sont régulièrement organisées et marqueront durablement la société tant le nombre de brûlés est important. Beaucoup de croyants pensent également que la société chrétienne est corrompue et que le Jugement dernier est proche. Le salut devient alors un élément fondamental et profondément constitutif de la société. Depuis le Moyen Âge, les fidèles ont la possibilité de voir leurs péchés pardonnés grâce au système des indulgences. À l'origine, celles-ci étaient accordées en échange d'actes sacrés ou du moins pieux, comme des pèlerinages. Mais, à la fin du XVe et au XVIe siècle, l'acquisition de ces indulgences contre de l'argent devient de plus en plus courante, et ulcère une bonne partie de la société. Parallèlement à cela, on voit naître une nouvelle forme de piété qui recentre la spiritualité sur le Christ.

Mais la principale caractéristique du christianisme de la Renaissance est sans doute l'anticléricalisme présent dans toutes les strates de la société, et ce même au sein du clergé. Sans forcément témoigner un rejet total de l'institution ecclésiastique, il signale surtout une attente plus forte de la part des fidèles face à une institution qui prône une doctrine qu'elle ne respecte pas elle-même. Les bénéfices ecclésiastiques, notamment leur attribution et leur détournement à des fins profanes, sont particulièrement remis en cause. Le pape est personnellement critiqué durant toute la seconde moitié du XVe siècle, ce à quoi Érasme ne s'oppose pas.

TEMPS FORTS

PARIS, L'ANGLETERRE ET LE CERCLE DES HUMANISTES (1495-1509)

Ordonné prêtre en 1492, Érasme profite de sa position auprès de l'évêque de Cambrai pour poursuivre ses études à Paris. Son origine modeste ne lui permettant pas de l'envisager financièrement, c'est son évêque qui lui octroie une bourse afin qu'il puisse réaliser un doctorat. Ses premières années d'études ne sont pas une sinécure pour Érasme lui qui abhorre la vie monastique et place la liberté au-dessus de toute chose. Au collège de Montaigu, vétuste et dont le confort est austère, il est réduit à vivre comme un régulier. Pire, les cours qu'il suit ne le passionnent pas car certains sont sclérosés par la scolastique à laquelle il ne goûte guère. En parallèle, Érasme devient précepteur pour gagner sa vie. C'est grâce à cette nouvelle profession qu'il rencontre les humanistes qui formeront son premier cercle de réflexion, comme Robert Gaguin, mais aussi Jacques Lefèvre d'Étaples (théologien français, vers 1450-1536) dont l'influence marquera le jeune Érasme.

C'est durant son séjour en Angleterre, entre mai 1499 et le début de l'année 1500, qu'il est le plus productif au niveau intellectuel. Alors qu'il s'est rendu sur l'île suite à l'invitation de l'un de ses élèves, il est accueilli chaleureusement par certains des plus grands penseurs du pays. C'est ainsi qu'il se lie d'amitié avec Thomas More, s'initie au platonisme de Marsile Ficin (philosophe italien, 1433-1499) grâce au théologien John Colet, et suit des cours à Oxford.

À son retour d'Angleterre, Érasme publie un nombre important d'écrits dans des domaines variés. C'est tout d'abord vers l'éducation et la pédagogie qu'il se tourne en publiant dès 1500 la première version de ses *Adages*, à travers lesquels il présente la culture antique à ses élèves. Il s'intéresse aussi à la philologie avec *Les Offices de Cicéron* (1501), puis à la politique avec son *Panégyrique de Philippe-le-Beau* (1504), dans lequel il dresse son portrait du prince idéal, pacifiste et défenseur des arts. Mais c'est dans le domaine théologique qu'il produit sa première œuvre véritablement acclamée par ses contemporains, son *Manuel du soldat chrétien* (1504) dans lequel il joint critique humaniste et théologie chrétienne.

Dès 1504, Érasme devient un éminent personnage du paysage culturel européen. Il est sollicité par de nombreux grands princes, mais souhaite rester indépendant. Il préfère parcourir l'Europe, notamment l'Italie, la Suisse et la France ainsi que les Pays-Bas. C'est durant cette période qu'Érasme couve ses plus grandes idées et forme son cheminement intellectuel, notamment lors d'un énième voyage en Angleterre en 1509.

L'ÉLOGE DE LA FOLIE (1509-1511)

On ne peut évoquer la vie d'Érasme et son influence sur la société européenne sans mentionner ce que la postérité considère comme son chef-d'œuvre absolu : L'Éloge de la folie. Érasme le rédige alors qu'il n'est pas encore totalement au faîte de sa gloire, bien qu'il ait déjà 40 ans et que ses écrits soient nombreux. Si l'œuvre est sans conteste un condensé de la pensée érasmienne, elle n'en demeure pas moins un écrit parmi tant d'autres dans l'esprit de l'humaniste. Certes, l'ouvrage rencontre un succès tout particulier en

Europe, mais c'est au fil des siècles que le nom d'Érasme et celui de *L'Éloge de la folie* deviennent indissociables.

Pourquoi alors en est-on venu à réduire l'œuvre très féconde de l'écrivain à ce seul travail ? Pour comprendre cet état de fait, il faut étudier plus en détail ce livre. Érasme décide de rédiger ce factum presque sur un coup de tête et le termine en à peine sept jours. Pourtant, alors qu'il est achevé en 1509, le livre n'est publié qu'en 1511, car son auteur n'a cessé de le modifier. Le contexte de rédaction de l'œuvre est capital : Érasme séjourne alors en Angleterre chez Thomas More, et compose ce texte dans la maison de campagne de son ami, située dans le quartier de Bucklersbury, non loin de Londres.

LE SAVIEZ-VOUS ?

Le titre original du livre est *Stultitiae laus*. En grec, cela donne *Morías enkómion*, *morías* signifiant « la folie », mais il est également possible d'y voir un jeu de mots avec le patronyme de Thomas More, ce qui est d'autant plus probable vu que l'ouvrage lui est dédié.

On y perçoit clairement l'influence des lectures et de l'étude des textes classiques sur la pensée d'Érasme. Alors que ses textes sont d'ordinaire savants et érudits, il s'inspire cette fois de la satire grecque qui se veut plus légère et plus communicative. De manière habile et presque cocasse, il attribue le rôle de narrateur principal au personnage de la Folie. De cette façon, il met une distance assez nette entre les opinions qu'il formule dans ce pamphlet et sa propre personne en ne prenant pour ainsi dire jamais la parole. En faisant son propre éloge, la Folie livre une satire adroite de la société qui, bien que très critique, est accueillie de manière positive, même par ceux qui sont directement visés. Ainsi, au moyen d'un réquisitoire antique, la Folie appelle à la barre plusieurs professions qui possèdent leur propre aliénation. Érasme fustige, entre autres, les juristes, les rhéteurs, les soldats, les spéculateurs ou encore les scolastiques qui prouvent leur insanité à tour de rôle. Érasme n'épargne personne, et surtout pas l'Église. Lors de son voyage en Italie qu'il a réalisé avant la rédaction de son livre, il a été particulièrement marqué par le pape condottiere Jules II (1443-1513), qui n'a pas hésité à prendre la tête des armées papales, mais aussi par les abus commis par l'Église.

Sous son aspect indolent et léger, l'ouvrage est une diatribe aux conséquences colossales. Érasme, par le biais de cette mascarade, fait l'éloge d'un retour à un christianisme plus authentique, débarrassé de ses artifices, et plus soucieux de l'idéal de paix véhiculé par les évangiles que de la condition terrestre du clergé. Cette critique trouve un écho puissant dans la société du début du XVIe siècle, qui n'ose exprimer ce qu'Érasme proclame alors. Quelques années plus tard, c'est avec beaucoup plus de véhémence que Martin Luther défend ses thèses qui rejoignent les critiques émises par Érasme dans son chef-d'œuvre.

L'HUMANISTE CHRÉTIEN

Érasme possède dès lors un prestige extrêmement important. Si ses premières œuvres, notamment *Les Adages*, sont plutôt profanes, ses écrits se centrent peu à peu sur le devoir chrétien qu'il juge indispensable à tout humaniste. Il rédige en 1504 le *Manuel du soldat chrétien* qui préfigure son action en matière de théologie. Il y défend l'idée que le baptême transforme les fidèles en soldats au service du Christ et de l'évangile, tout du moins de manière philosophique. Si bien que la majorité de ses écrits postérieurs seront teintés de cet humanisme chrétien dont on peut lui attribuer la paternité. Celui-ci se traduit par une conception de la religion et une piété peu commune en ce début de XVIe siècle. Pour Érasme, la ferveur doit être intérieure et aussi proche que possible du Christ. Pour lui, la religion n'est pas le panache d'une élite cléricale mais elle est avant tout une question de connaissance des textes. Il déprécie les manifestations tapageuses d'un dogmatisme trop rigoureux et n'hésite d'ailleurs pas à défendre la pensée des philosophes païens, tant est si bien qu'elle préfigure le message des évangiles. En revanche, il critique vivement les abus de cette Église déliquescente qu'il côtoie.

Son action la plus significative est sans doute la traduction qu'il entreprend du Nouveau Testament. Il juge la *Vulgate* de saint Jérôme (Père et docteur de l'Église catholique, 347-419/420) inexacte et entachée par des erreurs de copistes, déplore une scolastique préjudiciable et une traduction approximative. Avec ce projet, il se positionne dans la droite lignée d'un autre humaniste : Lorenzo Valla (1407-1457) qui est passé maître dans l'étude de la langue et des mots. En outre, Érasme est un pédagogue d'exception qui souhaite rendre accessibles à tous les Saintes Écritures. Il va jusqu'à changer le titre de sa traduction, initialement *Novum Testamentum* (Nouveau Testament) en *Novum Instrumentum Omne* (*Nouvel instrument pour tous*). L'ouvrage, imprimé à Bâle en 1516 chez son ami Jean Froben, comprend les versions grecque et latine du Nouveau Testament. Le titre, très audacieux, suscite de vives critiques mais, lors de sa publication, Érasme jouit d'un prestige et d'une autorité intellectuelle qui le protègent.

En 1516, Érasme publie l'*Éducation du prince*, adressée à Charles Quint (empereur germanique, prince des Pays-Bas, roi d'Espagne et de Sicile, 1500-1558), rédigée dans la même optique que son *Panégyrique de Philippe-le-Beau*. À travers ce texte, il souhaite encourager l'empereur à devenir un souverain partisan de la paix et porté par une érudition antique.

En 1518, il publie *Les Colloques*, dans lequel il exprime sa propre vision du christianisme. Elle est dépourvue d'artifices complexes, épurée au plus haut point.

Malgré les libertés qu'il prend, le prestige qu'il a gagné au fil des ans et des publications le préserve du courroux religieux. Lorsqu'en 1517 Martin Luther publie ses thèses et divise l'Église,

Érasme ne réagit qu'avec très peu d'empressement, alors que beaucoup considèrent que Luther ne fait que reprendre ses propres idées. En effet, on peut retrouver certains éléments de la pensée érasmienne dans la théologie luthérienne, comme la volonté d'une piété intérieure plus grande, un contact direct avec le texte saint, ou encore la critique de l'ascendant du clergé sur les fidèles. Mais si Érasme ne répond pas à Luther au moment de la publication des thèses de ce dernier, il lutte contre lui, plume à la main, durant le reste de sa vie.

Portrait d'Érasme par Quentin Metsys (1517).

ÉRASME ET LUTHER : UNE ENTENTE CHIMÉRIQUE (1516-1529)

On ne peut aborder Érasme sans parler de Martin Luther et de sa vision de la Réforme. Pourtant, lorsqu'Érasme entend parler pour la première fois de Luther, dans une lettre du secrétaire de l'électeur de Saxe en 1516, il est au sommet de sa gloire et ne prête guère attention à ce docteur en théologie. Les deux hommes ne partagent en effet pas les mêmes idées. Pour Luther, la prédestination joue un rôle majeur et il faut être en état d'agir avec justice pour être juste. Tandis qu'Érasme défend l'idée que l'homme est responsable de ses actes devant dieu. C'est donc à lui de choisir s'il fait le bien ou non. Si ces deux visions des choses ne sont pas compatibles, il n'est toutefois pas inexact de dire que les deux hommes tendent à un but commun : une réforme de l'Église, alors inadaptée aux besoins de la société et dont les abus sont multiples et condamnables. Mais cette remise en cause est envisagée de manière totalement différente par les deux hommes. Cela débouche sur le farouche combat théologique et intellectuel qui les oppose durant une quinzaine d'années.

MARTIN LUTHER

Natif d'Eisleben, en Thuringe (Allemagne), Martin Luther est le fils d'un entrepreneur de mines. Il reçoit une éducation de juriste, à Mansfeld, Magdebourg et Eisenach, durant laquelle il travaille la grammaire, la rhétorique et la logique. Ses études ne lui plaisent guère et il quitte l'université d'Erfurt en 1505 pour rentrer dans une confrérie augustinienne. Nommé docteur en théologie en 1512, il occupe la chaire d'enseignement biblique de l'université de Wittenberg. En 1517, alors que le pape demande à l'archevêque de Mayence la mise en place d'indulgences pour servir à la restauration de la basilique Saint-Pierre, Luther s'émeut de ce procédé et proteste auprès de lui avec ses 95 thèses : la Réforme est en marche.

Luther défend ses idées avec un fanatisme et une violence difficile à accepter pour Érasme. On a vu à quel point ce dernier déteste les excès en matière de religion. En outre, il juge le réformateur allemand bien trop intransigeant pour pouvoir composer avec lui. C'est que Luther est avant tout un fervent prédicateur s'appuyant sur des sermons fougueux pour convaincre les masses. Érasme, lui, est un intellectuel plus réservé, partageant ses idées sans pour autant les prêcher. Cependant, en 1519, alors que la Réforme gagne du terrain, Luther s'adresse directement à Érasme en espérant gagner l'approbation de l'homme qui fait autorité dans le monde intellectuel européen. Celui-ci l'éconduit poliment, préférant rester neutre et encourageant le prêtre allemand à la modération. Dès lors, Luther voit en Érasme un ennemi qu'il faut outrepasser par tous les moyens. Il faut garder à l'esprit que cette révolution voulue par Luther signifie pour Érasme la fin de l'*Ecclesia Universalis* (« l'Église universelle ») et de tout ce qu'elle peut représenter au niveau de l'union des nations et des peuples. En grand partisan du pacifisme et d'une certaine idée européenne, Érasme est convaincu que cette scission signifie des guerres futures, et donc un retour à la barbarie.

Érasme publie alors le *Traité du libre arbitre* (1524) afin de faire connaître à tous sa position vis-à-vis de cette question théologique si discutée par les luthériens. Luther répond un an plus tard par le

Serf arbitre (1525) qui réaffirme les différences fondamentales séparant les deux hommes, malgré des points communs indéniables. La Réforme gagne du terrain, et Érasme sent bien que son rêve d'une Europe unie sur le plan spirituel s'envole. Il continue de publier des œuvres majeures, mais celles-ci n'ont pas la portée escomptée. Trois de ses derniers livres, Éducation des enfants (1530), *Souhaitable concorde de l'Église* (1533), et *Justification contre les erreurs de Martin Luther* (1534), montrent que l'œcuménisme lui tient encore à cœur à la fin de sa vie. Peu avant sa mort, il décline même le chapeau de cardinal, rappelant ainsi à tous qu'il a été toute sa vie un homme libre de toute allégeance.

RÉPERCUSSIONS

L'AFFAIBLISSEMENT DU CATHOLICISME

De nombreux humanistes du cercle d'Érasme prônent un évangélisme réformateur et un recentrement de la piété sur soi dans une *devotio moderna* qui engage le fidèle à étudier les écrits saints et à vivre simplement. De ce fait, la piété devient beaucoup plus personnelle. Le réformisme d'Érasme en matière de sacré est un pan très important de la vie de l'humaniste qui ébranle sensiblement l'Église catholique. Il n'est bien sûr pas seul à adopter la voie de l'anticléricalisme, mais son prestige et sa renommée procurent à sa pensée une portée prodigieuse.

LA DEVOTIO MODERNA

La *devotio moderna* est un courant de spiritualité chrétienne né à la fin du Moyen Âge dans la ville de Deventer aux Pays-Bas à l'initiative de Geert Groote (1340-1384).

Elle consiste à recentrer la piété sur le fidèle afin de la rendre plus personnelle et à « imiter » la vie du Christ en alliant vie active et prière (contemplation). Le courant se dote rapidement d'une communauté de clercs, les Frères de la vie commune, qui prêche la doctrine inspirée des écrits de Groote. Le mouvement est théorisé quelques années plus tard dans l'*Imitation de Jésus-Christ*, achevé en 1427, qui devient le livre de piété le plus diffusé dans le monde chrétien.

Érasme n'est pas non plus étranger à l'exégèse mise en place dans les cercles humanistes et qui exerce, en se basant sur les textes hébreux et le grec, une influence plutôt critique envers l'Église. Celle-ci vise à pointer les déformations des textes des évangiles réalisées par l'Église et ouvre de nouvelles perspectives dans l'interprétation des textes bibliques. Érasme ne se prive pas non plus d'attaquer ouvertement la vision du catholicisme à propos du salut, et, bien qu'il ne rompe jamais avec l'Église à laquelle il reste attaché, sa pensée et ses écrits sont des éléments essentiels dans l'émergence de la réforme protestante qui gagne l'Europe dès les années 1520.

L'HUMANISME CHRÉTIEN ET LA CONTRE-RÉFORME

Comme nous l'avons vu, l'influence d'Érasme se fait déjà ressentir de son vivant. Dans son cercle humaniste se côtoient les plus grands lettrés européens. À Louvain, il fonde le collège trilingue (hébreu, grec et latin) et invite tous les étudiants humanistes européens à se retrouver dans cette capitale culturelle. Si la Réforme met fin à son rêve universaliste, il demeure tout de même dans un certain évangélisme que prône l'humanisme chrétien.

L'apologie d'une relation quasi individuelle avec le Christ, la réflexion et la méditation sur les Écritures, ainsi que la méfiance d'un dogmatisme trop formel sont autant d'éléments qui nourrissent les débats qui agitent le Concile de Trente (1545-1563) et la Contre-Réforme, mise en place afin de contrer la réforme protestante. Il est en revanche inexact d'assimiler cet humanisme chrétien à une « pré-Réforme », tant l'idéal érasmien est loin du rapport belliqueux opposant les deux courants chrétiens. Le rêve humaniste d'unité religieuse chrétienne semble en effet à des années-lumière des canons tridentins et luthériens.

Le concile de Trente

En réaction à la Réforme protestante et afin de transformer l'Église catholique, le pape Paul III (1468 1549) promulgue en 1536 une bulle qui convoque un concile œcuménique majeur. La première séance se tient le 13 décembre 1545 à Trente, en Italie. Après 25 sessions, la Contre-Réforme est adoptée : elle met notamment l'accent sur une plus grande discipline ecclésiastique, une formation systématique des clercs dans les séminaires, l'obligation de résidence des évêques et l'importance des visites pastorales. Le concile confirme également les points dogmatiques discutés par les protestants, tels que le culte des saints et le péché originel.

L'HÉRITAGE ÉRASMIEN ET SES LIMITES

Si le nom d'Érasme ne nous est pas inconnu, le personnage demeure pourtant assez mystérieux dans l'imaginaire collectif actuel. Aujourd'hui, seul demeure son patronyme – qui est d'ailleurs utilisé pour désigner le programme d'échanges universitaires européen –, et son *Éloge de la folie*. L'œuvre produite par Érasme est pourtant immense. Dès 1540, soit quatre ans après le décès de l'humaniste, Jérôme Froben publie les *Opera Omnia*, un condensé de l'œuvre de l'humaniste. Jusqu'à la fin du XVIe siècle, les œuvres d'Érasme sont publiées en très grand nombre (majoritairement en langue latine, mais aussi en anglais, français, allemand ou encore en espagnol), ce qui permet la diffusion durable de sa pensée. Cependant, dès les années 1600, les éditions érasmiennes décroissent de manière significative, alors même que le volume des productions imprimées augmente quant à lui considérablement. Dans les faits, entre les XVIIe et XVIIIe siècles, durant lesquels la construction de grands États centralisés exacerbe les rivalités entre les royaumes, et le XIXe siècle, qui voit monter les nationalismes, Érasme n'est plus l'étoile culturelle qu'il était auparavant. En effet, son message trouve de moins en moins d'écho dans une Europe querelleuse, et il faudra attendre le XXe siècle pour que des historiens tentent de le remettre au goût du jour.

On a volontiers fait d'Érasme le précurseur de la tolérance, de l'Europe au sens moderne du terme ou encore de la liberté religieuse. Ses apports dans ces domaines sont indubitables, mais l'héritage érasmien est à nuancer. Il est extrêmement difficile de parler de tolérance au XVIe siècle, du moins au sens où on l'entend aujourd'hui. Par exemple, bien qu'Érasme soit plus compréhensif que ses contemporains sur la question juive, il reste intransigeant vis-à-vis de l'hébraïsme et de ses adeptes. Il critique aussi ouvertement le judaïsme qui, dans sa pensée, est antinomique du christianisme. On ne se trouve plus, à l'heure d'aujourd'hui, dans une description positiviste de l'héritage érasmien. S'il est sans doute l'un des plus grands lettrés que l'Europe n'ait jamais connu, il demeure un homme de son temps et en faire le parangon de l'Europe moderne ou de la tolérance relève autant de l'anachronisme que du postulat.

EN RÉSUMÉ

- Érasme, d'origine modeste, devient chanoine régulier de saint Augustin à Steyn en 1488. Il en profite pour étudier les antiquités dans la bibliothèque du monastère et devient prêtre en 1492 avant d'obtenir une dispense de cour.
- Passionné par les lettres latines, il publie son premier ouvrage, les *Antibarbari*, en 1494.
- Son premier séjour à Paris entre 1495 et 1499 lui permet d'étudier au collège Montaigu et surtout d'intégrer le cercle de plusieurs humanistes notoires, tels que Robert Gaguin.
- Érasme trouve l'aboutissement de son idéal humaniste lors de son premier séjour en Angleterre entre 1499 et 1500. Il y rencontre John Colet ainsi que Thomas More et approfondit sa connaissance du grec.
- Le premier voyage qu'il effectue en Italie entre 1506 et 1509 est un véritable itinéraire culturel. Il devient docteur en théologie de l'université de Turin et consulte les auteurs antiques à Venise et Florence. Seule la papauté incarnée par la figure de Jules II le déçoit.

- De retour en Angleterre après l'avènement d'Henri VIII en 1509, il compose l'*Éloge de la folie* en quelques jours dans la maison de campagne de Thomas More auquel il dédie son chef d'œuvre. Il ne sera publié qu'en 1511 après plusieurs remaniements.
- Il se s'installe à Bâle dès 1509 et rencontre l'imprimeur Jean Froben qui publiera nombre de ses œuvres. La cité suisse revêt alors une importance notoire pour Érasme qui en fait sa ville de résidence, lui, le voyageur itinérant.
- Lorsque la Réforme éclate en 1517, Érasme adopte d'abord une attitude passive et neutre vis-à-vis de Luther, ce qui lui sera reproché. Les catholiques intransigeants l'accusent même d'avoir semé les graines de la Réforme. Fuyant Louvain où il enseigne, il retourne à Bâle pour huit années et publie plusieurs traités contre Luther.
- La Réforme gagnant Bâle, il émigre à Fribourg-en-Brisgau et poursuit son immense production. Il rédige en 1535 sa *Préparation à la mort*, ultime ouvrage publié à Bâle, et meurt dans la nuit du 11 au 12 juillet 1536.

Votre avis nous intéresse !
Laissez un commentaire sur le site de votre
librairie en ligne et partagez vos coups de cœur sur
les réseaux sociaux !

POUR ALLER PLUS LOIN

SOURCES BIBLIOGRAPHIQUES

- BARRAL-BARON (Marie), *L'enfer d'Érasme. L'humaniste chrétien face à l'histoire*, Genève, Droz, 2012.

- HALKIN (Léon-E.), *Érasme et l'humanisme chrétien*, Paris, Éditions universitaires, 1967.

- HALKIN (Léon-E.), *Érasme parmi nous*, Paris, Fayard, 1987.

- HILDESHEIMER (Françoise), « Richelieu cardinal-ministre », in *Comptes rendus des séances de l'Académie des Inscriptions et Belles-Lettres*, 150e année, n° 1, 2006, p. 365-383.

- SWEIG (Stefan), *Érasme, grandeur et décadence d'une idée*, Paris, Livre de poche, 2001.

SOURCES COMPLÉMENTAIRES

- « Diatribe : Du libre arbitre », in LUTHER (Martin) *Du serf arbitre*, Paris, Gallimard, 2001.

- ÉRASME, *Éloge de la folie. Adages. Colloques. Réflexions sur l'art, l'éducation, la religion, la guerre, la philosophie. Correspondance*, Paris, Robert Laffont, 1992.

- ÉRASME, *Enchiridion militis christiani*, Paris, J. Vrin, 1971.

- « Les adages pythagoriciens d'Érasme, traduits pour la première fois du latin par Alain van Dievoet. Première partie », in *Anderlechtensia*, n° 65, 1992, p. 8-19.

- « Les adages pythagoriciens d'Érasme, traduits pour la première fois du latin par Alain van Dievoet. Deuxième partie », in *Anderlechtensia*, n° 66, 1992, p. 7-16.

SOURCES ICONOGRAPHIQUES

- Portrait d'Érasme par Hans Holbein le Jeune (1523). La photo reproduite est réputée libre de droits.

- Portrait d'Érasme par Quentin Metsys (1517). La photo reproduite est réputée libre de droits.